SIGILLOGRAPHIE

des

ANCIENS COMTES DU PERCHE

DOCUMENTS SUR LA PROVINCE DU PERCHE

2ᵉ Série. — N° 5.

SIGILLOGRAPHIE

DES

ANCIENS COMTES DU PERCHE

PAR LE

Vicomte DE SOUANCÉ

MORTAGNE

GEORGES MEAUX, IMPRIMEUR-ÉDITEUR

M. DCCC. XCV.

Pl. I.

1

SCEAUX DE ROTROU III
Deuxième comte du Perche.

Pl. II.

3

4

SCEAU DE ROTROU IV
Troisième comte du Perche.

Pl. III.

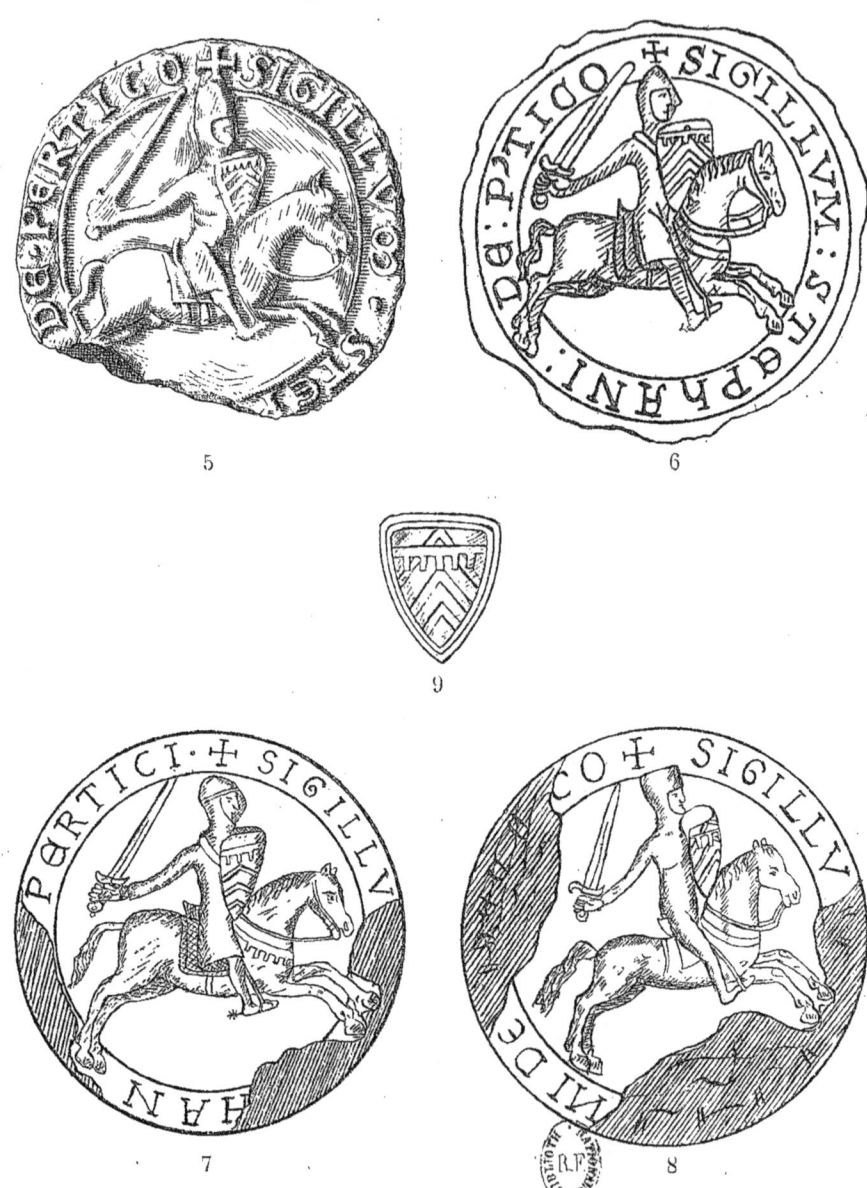

SCEAUX DE ÉTIENNE DU PERCHE
Duc de Philadelphie.

Pl. IV.

SCEAUX DE GEOFFROY V
Quatrième comte du Perche

Pl. V.

14   15

16   17

SCEAU DE GEOFFROY V
Quatrième comte du Perche.

Pl. VI.

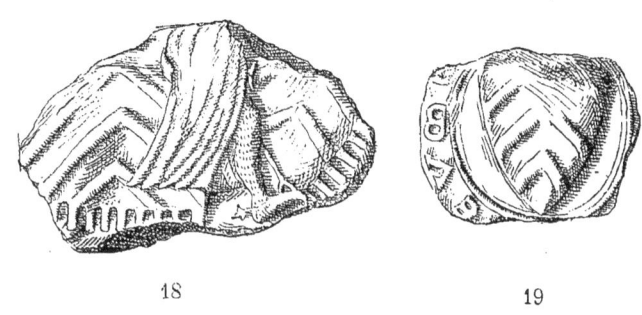

18 19

20 21

SCEAU DE THOMAS
Cinquième comte du Perche.

Pl. VII.

22

23

22. — SCEAU DE HÉLISENDE DE RETHEL
Comtesse du Perche.

23. — SCEAU DE MARGUERITE
Comtesse du Perche.

Pl. VIII

24　　　　　　　　　25

SCEAU DE GUILLAUME, Évêque de Chalons
Sixième comte du Perche.

26　　　　　　　　　27

SCEAU DE JACQUES DE CHATEAUGONTIER
Seigneur de Nogent-le-Rotrou.

INTRODUCTION

L'histoire des comtes héréditaires du Perche avait été écrite par M. des Murs d'une façon fort complète, mais peut-être pas assez documentée ; le vicomte de Romanet, dans sa *Géographie du Perche*[1], a rectifié la chronologie de ces grands feudataires, en l'établissant avec une méthode rigoureusement scientifique, sur la base inébranlable d'une magnifique série de chartes, dont la publication s'achève en ce moment.

Cependant, pour compléter ces études sur ces seigneurs, il nous a paru intéressant de donner la reproduction des sceaux, dont ils se servaient et qui nous ont conservé leur image.

Ces précieuses empreintes, en effet, nous fournissent des notions malheureusement fort sommaires, mais au moins parfaitement exactes[2] sur les différentes parties du costume, les armes, le harnachement en usage au moyen âge dans la province du Perche, pour les personnages d'un rang élevé[3].

---

[1] Publiée dans les premiers fascicules des *Documents sur la province du Perche*.

[2] Les reproductions des sceaux originaux ont été faites sur les dessins de M. Paul de Farcy, d'après les moulages pris par les soins du Directeur des archives nationales. La plupart de ceux extraits des manuscrits de Gaignières, ont été collationnés par les soins de M. l'abbé Métais.

[3] Voir : *Introduction de l'Inventaire des Sceaux des Archives*, par le comte de Laborde.

Les chartes, auxquelles les sceaux extraits de la collection Gaignières sont appendus, n'ont pas été transcrites, attendu que ce sont des chartes concernant le prieuré de Saint-Martin du Vieux-Bellême, dont le cartulaire est en cours de publication dans le présent recueil.

Le premier membre de la famille des comtes héréditaires du Perche, dont le nom soit arrivé jusqu'à nous est Geoffroy Ier, vicomte de Chateaudun, mort en 963, dont le petit-fils Geoffroy II épousa Mélisende, fille de Rotrou I seigneur de Nogent, qui lui apporta la seigneurie de Nogent. Geoffroy III leur fils, quatrième vicomte de Chateaudun et seigneur de Nogent-le-Rotrou réunit à ces terres, le comté de Mortagne, par suite de son mariage. Il est le premier de cette famille, dont la filiation soit incontestable. Assassiné avant 1041, en sortant de la cathédrale de Chartres, il laissa deux fils : Hugues III, cinquième, vicomte de Chateaudun[1], et Rotrou II, seigneur de Nogent et comte de Mortagne, puis sixième vicomte de Chateaudun en 1040, à la mort de son frère. Il mourut vers 1079, laissant de Adèle, fille de Guérin de Domfront, entr'autres enfants : Geoffroy IV comte de Mortagne, premier comte du Perche, mort en 1100. Celui-ci épousa Béatrice de Roucy, dont il eut entr'autres enfants, Rotrou III, deuxième comte du Perche.

Jusqu'à cette époque, l'emploi des sceaux pour prouver la véracité des actes était inconnue.

Cependant, certaines formalités étaient accomplies, pour attester l'authenticité des contrats. Tantôt, on prenait comme témoins des enfants, auxquels on donnait des soufflets et auxquels on tirait les oreilles, afin qu'ils se souvinssent et pussent porter témoignage dans la suite[2]. Tantôt le donateur se contentait de déposer solennellement sur l'autel, un peu de terre, des palmes, un anneau, ou autre objet[3]. Ces usages disparurent peu à peu, sous l'influence des ordres religieux. Les moines ou les clercs, qui presque seuls en étaient capables, rédigeaient les actes. Les personnes mentionnées se contentaient de tracer une croix à côté de laquelle le scribe inscrivait les noms précédés du mot signum[4].

---

[1] Les sceaux des seigneurs de Chateaudun ont été donnés par M. l'abbé Métais, dans le *Bulletin de la société Dunoise*, en 1893.

[2] Rappetti. — *Précis de l'histoire du droit civil.*

[3] Consulter les divers cartulaires des abbayes du Perche : *Saint-Denis*, la *Trappe.*

[4] Voir : *Annuaire du département d'Eure-et-Loir* 1844 ; et l'étude sur ce sujet dans l'*Histoire des Comtes du Perche* par M. des Murs, de la p. 27 à la p. 48.

Enfin dans le cours du XIIe, siècle apparurent les sceaux en cire. Primitivement, ils n'avaient aucune forme et ne représentaient qu'une simple tache de cire, destinée à fixer sur la charte, une tige de plantes, un simple lac, ou même trois poils de de la barbe du seigneur[1]. Peu à peu cette tache se transforma en un cachet grossier, et enfin en une empreinte de cire portant le nom, la devise ou les armes du seigneur, empreinte d'autant plus parfaite et plus fine que la gravure sur métal, fit des progrès.

Cart. de Tiron (1121).

SIGILLOGRAPHIE

DES

ANCIENS COMTES DU PERCHE

§ I. — ROTROU III

(1100-1144).

sceau des membres de la famille des comtes du Perche, dont la représentation nous soit parvenue, est celui de Rotrou III, dit le Grand, deuxième comte du Perche.

C'est un fragment de sceau rond de 55^{mm} environ[1], de 1122. Un chevalier au galop, de profil à gauche, portant un écu de face chargé de trois chevrons et tenant de la main droite, une épée nue.

Le cavalier est coiffé d'un heaume complet[2] et vêtu d'un haubert[3] recouvrant un bliaud[4]. Le haubert, à l'exception de la partie qui protège le cou, est entièrement caché par le bouclier. Les jambes sont revêtues de chausses, qui semblent maintenues par des lanières. L'épée à quillons recourbés, est du type normand. Quant au cheval, il porte une selle entièrement cachée par le bouclier et placée sur une couverture. La bride est simple et sans frontal.

Un autre sceau rond de 76^{mm}, appendu à une charte de 1126[5]

---

[1] Bibl. nat. Ms. lat. 5441 (*Ancien fonds Gaignières*). Pl. I, N° 1.
[2] HEAUME : casque protégeant entièrement la tête.
[3] HAUBERT : tunique en mailles de fer entrelacées.
[4] BLIAUD : tunique en étoffe, mise au-dessous du haubert et le dépassant à partir du XII° siècle.
[5] Bibl. nat. Ms. lat, 5441 (*Ancien fonds Gaignières*). — Pl. I, N° 2.

représente : un chevalier, franchissant de profil à droite, portant, un écu chargé d'une bordure de besants et tenant une épée nue de la main droite. Légende :

S[IGILLVM] COMITIS : ROTRODI : PERTICI.

Sceau en cire brune sur lacs de cuir. Le cavalier est coiffé d'un casque pointu, bordé d'un cercle et renforcé de deux arêtes. Il est revêtu d'un haubert recouvrant un bliaud dont les pans flottent comme une jupe, et fixé aux hanches par une ceinture. Les jambes sont protégées par des espèces de bottes faites de la même matière que le haubert et auxquelles sont fixés des éperons en forme de trident. Le bouclier, de petite dimension, a une forme arrondie. L'épée à quillons recourbés est plus grande et plus droite que dans le premier sceau. La selle du cheval posée sur un tapis, a des arçonnières peu saillantes et se trouve maintenue par une sangle et un poitrail. La bride, comme précédemment, est simple et sans frontal.

Rotrou III épousa en premières noces Mahaut, fille naturelle de Henri Ier roi d'Angleterre, qui périt en 1120 dans le naufrage de la Blanche-Nef ; et en secondes noces Harvise fille d'Edouard d'Evreux comte de Salisbury, dont il eut entr'autres enfants : Rotrou qui lui succéda.

§ II. — ROTROU IV ET SON FILS ÉTIENNE

(1144-1191)

Deux empreintes des sceaux de Rotrou IV, troisième comte du Perche nous sont parvenues. La première[2] est un fragment de sceau rond de 65^{mm}, qui est tellement effacée, qu'on y dis-

---

[1] Gaignières, dans le manuscrit de la bibliothèque nationale 5441 f° 300, indique un sceau de Rotrou, comte du Perche, portant la date de 1126. On ne peut pas dire qu'il soit dessiné ou reproduit : cinq traits de plume semblent figurer un chevalier galopant à gauche, tenant un étendard flottant. Le contre-sceau, donné de la même façon, est un chevalier galopant à droite, tenant également un étendard flottant.

[2] Arch. nat. *Collection des sceaux de Douet-d'Arcq*, N° 998. — Pl. II, N° 3.

tingue à peine un cheval galopant à droite, monté par un chevalier coiffé d'un casque pointu et tenant une épée à double garde, et un bouclier orné d'une bordure. Ce sceau est appendu à une charte ainsi datée : *Hoc actum factum est apud Nogentum, in aula comitis, anno ab Incarnatione Domini M° C¹ XC¹, tempore, quo reges Jerosolimam profecti sunt.* Il porte pour légende :

† S[IGNUM] COMITIS. ROT (RODI) (P.) ERTICI

La seconde empreinte[1] est un sceau rond de 76^{mm}, en cire verte sur lacs de parchemin, portant la date de 1190, ce qui semble prouver que ce dessin de Gaignières n'est autre que la reproduction du sceau précédent. Il représente un chevalier franchissant de profil à droite, portant un écu bordé et tenant une épée nue de la main droite. Légende :

S[IGILLVM] COMITIS : ROTRODI : PERTICI

Il diffère peu de celui de Rotrou III. Le vêtement du cavalier est analogue; seulement dans ce dernier la ceinture n'existe pas; elle est remplacée par une sorte de coulisse ou collier.

La jambe semble être protégée par une guêtre collante; l'éperon est fixé au talon par un bracelet. Le bouclier identique, ne diffère que par l'absence de besants dans la bordure. Le harnachement du cheval, au contraire, est beaucoup plus riche. La selle est placée sur une housse frangée; les arçonnières élargies sont cintrées, les quartiers sont arrondis et le poitrail est plus large que dans les sceaux précédents. La bride porte une muserolle comme ornement.

Rotrou épousa Mahaut, fille de Thibaut, comte de Champagne, et de Mahaut de Carinthie. Il eut entr'autres enfants : Geoffroy qui lui succéda et Etienne, duc de Philadelphie, mort en 1205, dont nous avons à décrire les sceaux.

---

[1] Bibl. nat. Ms. lat. 5441 (*Ancien fonds Gaignières*). — Pl. II, N° 4.

Le premier[1] de 1190 est un sceau rond de 60^{mm} appendu à une charte donnée par Rotrou, père d'Etienne, et représente un chevalier portant un bouclier chargé de trois chevrons brisés d'un lambel à cinq pendants, suivant la description faite plus loin et porte pour légende :

✝ SIGILLUM : STEPH(ANI) : DE : PERTICO.

Les deux suivants[2], portant la même date de 1196, sont ronds de 58^{mm} et représentent un chevalier franchissant de profil à droite, portant un écu chargé de trois chevrons et d'un lambel en chef et tenant une épée nue de la main droite. Le cavalier est coiffé d'un casque pointu dans l'un, arrondi au sommet, dans l'autre. Il est revêtu d'une cotte unie, sans ceinture, attachée directement au heaume et descendant jusqu'au genou. Les jambes sont protégées par une étoffe semblable à la cotte, à laquelle sont fixés les éperons. Le bouclier, de petite dimension, de profil dans l'un, de trois quarts dans l'autre, porte les armes des comtes du Perche brisées d'un lambel. L'épée, à quillons recourbés, est à deux tranchants.

La selle du cheval à arçonnières légèrement effacées et à quartiers droits, posée sur une housse est retenue par une double sangle, que la jambe du cavalier ne laisse voir que dans l'un des deux sceaux et par des poitrails différents par l'ornementation. La bride est simple sans frontal. Dans un des sceaux, la tête du cheval allongée ne laisse voir que la rêne droite ; dans l'autre, celle de gauche paraît également.

Bien que ces deux sceaux ne diffèrent que par des détails, ceux-ci leur donnent un caractère distinct : aussi ne sauraient-ils être confondus malgré la même date de 1196. Celui reproduit par Gaignières[3], en cire bleue sur lacs de parchemin, sans doute reproduction infidèle de l'original décrit plus haut, porte en effet comme légende :

[1] Arch. nat. *Collection des sceaux de Douet-d'Arcq* N° 1000. — Pl, III, N° 5.
[2] Pl III, N°s 6 et 7.
[3] Bibl. nat. Ms. lat. 5441 (*Ancien fonds Gaignières*).

✝ SIGILLVM : STEPHANI : DE PERTICO.

tandis que celui du cartulaire dunois[1] a pour légende :

✝ SIGILLVM : (STEPH) AN (I) : PERTICI.

Le quatrième sceau d'Etienne du Perche est un sceau de 64^{mm} en cire verte et sur lacs de soie de la même couleur portant la date de 1200[2]. Il est appendu à une charte de donation faite aux moines de l'abbaye de Saint-Père de Chartres et représente un chevalier franchissant de profil à droite, portant un écu chargé de trois chevrons et d'un lambel à trois pendants en chef et tenant une épée nue de la main droite. Légende :

✝ SIGILLVM : [STEPHA]NI : [DE.PERTI]CO :

Le contre-sceau reproduit l'écu avec une bordure et un lambel à cinq pendants[3].

Ce sceau diffère des précédents en ce que le cavalier est revêtu d'une cotte, qui semble faite d'un seul morceau.

§ III. — GEOFFROY V

(1191-1202).

Geoffroy V, quatrième comte du Perche, succéda à son père en 1191, date du premier sceau de ce comte. Le dessin nous en a été conservé par Gaignières[4]. C'est un sceau rond de 60^{mm} en cire verte, sur lacs de parchemin, représentant un chevalier franchissant de profil à droite, portant un écu chargé de trois chevrons et tenant une épée nue dans la main droite. Le cavalier est coiffé d'un casque pointu, revêtu d'une cotte d'armes au haut de

[1] *Cartulaire Dunois*, charte 203, fol. 62.
[2] *Cartulaire de Saint-Père de Chartres.* — Pl. III, N° 8.
[3] Pl. III, N° 9.
[4] Bibl. nat. Ms. lat 5441 (*Ancien fonds Gaignières*), Pl. IV, N° 10.

laquelle est une gorgerette[1]. Les jambes sont recouvertes de chausses unies, auxquelles sont fixés les éperons. L'épée est du même modèle que dans les sceaux précédents et le bouclier est placé de face. Les arçonnières de la selle sont plus relevées que celles déjà décrites. Légende :

SIGILLUM : GAVFRIDI : DE : PERTICO.

Le second sceau du comte Geoffroy, daté de 1192, est appendu à une charte du cartulaire Dunois[2]. Il a 70^{mm} de diamètre et représente un chevalier franchissant, vu de profil à droite, portant un écu chargé de trois chevrons et tenant une épée nue de la main droite. La tête est couverte d'un heaume complet et le vêtement est une cotte maintenue à la taille par une ceinture, à laquelle est suspendue à gauche, la gaîne de l'épée. De la légende il ne reste que quelques lettres :

† S(IGILUM : GAUFRID) I.... (PER.) TICI.

Le contre-sceau reproduit l'écu et porte comme légende :

† SECRETVM. MEVM. MICHI.

Ce sceau est en cire verte sur lacs de petites ficelles.

Le troisième type de sceau de Geoffroy, est celui appendu à la charte de confirmation des biens situés à Saint-Martin du Vieux Bellême par ce comte en 1194[3]. C'est un chevalier franchissant de profil à droite, revêtu d'un haubert placé sur un bliaud dont le bas s'échappe en flottant. Légende :

[SIGILLUM : GAUFFR]I[DI :] COMI[TIS : PE]RTI[CI :]

---

[1] GORGERETTE : Cravate en plaques de fer cousues sur l'étoffe.
[2] *Cartulaire Dunois*, charte CCIII, f° 62. — Pl. IV, N°ˢ 12 et 13.
[3] *Inventaire des Sceaux de Normandie* (Archives de l'Orne), par Demay N° 51. — Pl. IV, N° 11.

Un quatrième modèle de sceau de Geoffroy est celui appendu à une charte de 1196 du cartulaire de Notre-Dame de Chartres[1], et à une charte de 1197 conservée dans les archives de Tours[2]. Il est de 80^{mm} de diamètre, et en cire brune, sur lacs de parchemin, à la charte de 1196. Le chevalier, monté sur un cheval franchissant de profil à droite, porte un casque de forme aplatie ne protégeant que le sommet de la tée. Il est vêtu d'une cotte en étoffe ; des chausses sont retenues par une lanière en cuir. Légende :

SIGILLUM : GAUFRIDI : COMITIS : PERTICI.

Si ces deux sceaux sont exactement du même type, il ne s'ensuit pas cependant qu'on doive les indentifier, attendu que la légende du contre-sceau de l'un est :

☩ SECRETVM GAUFRIDI

tandis que celle de l'autre est comme dans le second modèle décrit :

☩ SECRETVM : MEVM : MICHI.

Geoffroy V épousa, en 1189, Mahaut de Bavière[3] et laissa entr'autres enfants : Thomas qui lui succcéda.

---

[1] *Cartulaire de Notre-Dame de Chartres* : charte CXXXIV. — Pl. V. N°s 16 et 17.

[2] Arch. nat. *Collection des Sceaux de Douet-d'Arcq*, N° 999. — Pl. V, N°s 14 et 15.

[3] Mahaut de Bavière se remaria à Enguerrand III de Couci, qui porta le titre de comte du Perche, pendant la minorité de son beau-fils, Thomas, dont il était probablement baillistre. Douet d'Arcq, dans sa collection des sceaux des archives nationales, décrit son sceau « appendu à une lettre des barons engageant Philippe-Auguste à résister au pape, en juin 1205. » Ce sceau du reste, qui ne porte comme légende que ; *Sigillum Injoranni de Cociaco*, n'a pas lieu d'être reproduit et décrit dans cette sigillographie des comtes du Perche.

§ IV. — THOMAS, MARGUERITE ET HELISENDE.

(1202-1217).

Le sceau de Thomas cinquième, comte du Perche est de 1214. L'original est conservé aux archives de l'Orne[1]; mais il en reste si peu de chose, que fort heureusement un dessin de Gaignières vient compléter les renseignements[2]. Ce sceau a 82^{mm} de diamètre ; il est en cire brune sur lacs de parchemin et représente un chevalier franchissant de profil à droite, portant un écu chargé de trois chevrons et tenant une épée nue de la main droite. Le cheval est couvert d'une housse terminée dans le bas par une rangée de denticules de la croupe à la tête, sur laquelle est reproduit l'écu. Le cavalier est coiffé d'un heaume dit « casque de Philippe-Auguste », auquel est fixée une gorgerette en mailles de fer entrelacées. Il est revêtu d'un grand haubert flottant, recouvert d'une cotte, et ceint de la ceinture de chevalerie. L'épée, à quillons droits, semble n'avoir qu'un tranchant.

La selle du cheval à arçonnières effacées, est posée sur une housse échancrée, recouvrant entièremnt le cheval et ornée de pièces de l'écu.

La légende du sceau est :

SIGILLVM : THOME : COMITIS : PERTICI.

et celle du contre-sceau reproduisant l'écu :

† SECRETVM : MEVM : MIHI.

Thomas fut tué à la bataille de Lincoln, le 20 mai 1217, sans laisser d'enfant de Hélisende sa femme, fille de Hugues comte de Rethel et de Félicité de Beaufort. Elle se remaria en 1227 à Garnier de Trainel, seigneur de Marigny et conserva le titre de comtesse du Perche. Ceci se trouve du reste prouvé par un faible

---

[1] *Collection des sceaux de Normandie*, par Demay, N° 52. Pl. VI, N°ˢ 18 et 19.
[2] Bibl. nat. Ms. lat. 5441 (*Ancien fonds Gaignières*), Pl. VI, N°ˢ 20 et 21.

fragment de sceau conservé aux archives de l'Yonne appendu à une charte de 1231[1]. Il ne reste qu'un buste de femme vêtue d'un surcot[2] portant les cheveux sur le dos et tenant de la main gauche, une fleur. Le champ était rempli par des rinceaux très fins. Légende :

: 1GILL... : H....

Dans le manuscrit N° 5441 du fonds latin de la bibliothèque nationale, fol. 325, est transcrite une charte de 1214 environ, qu'il n'y a pas lieu de donner ici, puisqu'elle sera publiée dans le cartulaire de Saint-Martin du Vieux-Bellême, et qui commence ainsi : *R.*[3] *Rothomagensi archiepiscopo, domino et patri suo reverendissimo, M. comitissa Perticensis, salutem*..... Au bas de cette charte, est dessiné le sceau de Marguerite, comtesse du Perche. Il est de forme ogivale, haut de 80ᵐᵐ, et représente une femme de face, la tête nue, à longs cheveux, les deux bras étendus, supportant de la main droite, une fleur de lis. Elle est vêtue d'un surcot, vêtement sans manches, fendu de chaque côté pour laisser passer les bras. Légende :

SIGILLVM. [MARGARITE. COMITISSE. PERTICI.

Gaignières nous apprend que le sceau original était en cire brune sur lacs de parchemin.

Aucun ouvrage sur le Perche ne fait mention de cette Marguerite, comtesse du Perche, qui ne peut être la veuve de Geoffroy V, puisque celle-ci était Mahaut de Bavière : elle ne peut être que la première femme du comte Thomas et dut mourir peu de temps après la date de cette charte, puisque au moment de sa mort, arrivée en 1217, Thomas était marié à Hélisende de Rethel.

---

[1] Arch nat. *Collection des sceaux de Douet-d'Arcq* : N° 1002. Pl. VII, N° 23.
[2] SURCOT : vêtement sans manche, fendu de chaque côté.
[3] Robert Poulain, archevêque de Rouen, élu le 23 août 1208, mort le 4 mai 1222.
[4] Pl. VII, N° 22.

§ v. — GUILLAUME,

ÉVÊQUE DE CHALONS

(1217-1226).

A la mort de Thomas, la succession du comté du Perche échut à son oncle, Guillaume évêque de Châlons, fils de Rotrou IV et de Mahaut de Champagne. Le sceau du dernier comte du Perche de cette famille, est de forme ogivale, appendu à une charte de 1217 et a 82^{mm}. Il représente un évêque debout, vu de face, mitré, crossé et bénissant par devant[1], revêtu d'une chasuble recouverte d'une dalmatique garnie d'une broderie. La mitre est ample et ornée de deux perles. Légende :

† SIGILLVM WILLERMI : DEI : GRATIA : CATHALAUNENSIS : EPISCOPI.

Le contre-sceau représente une fleur de lis avec la légende :

† SECR[ETVM] : WILLERMI : DE PERTICO.

Ce sceau est appendu à une charte du 1er au 25 mars 1217 (n. st.) par laquelle l'évêque de Châlons constate que son neveu Thomas, comte du Perche, a promis à Philippe-Auguste de lui remettre sa forteresse de Marchainville[2].

---

[1] Arch. nat. *Collection des sceaux de Douet-d'Arcq* N° 6559 Pl. III, N°s 24 et 25.

[2] Cette charte a été publiée par le vicomte de Romanet dans le 1er fascicule des *Documents sur le Perche*, Chartes du Perche, n° 4, p. 7.

§ VI. — JACQUES DE CHATEAU-GONTIER

SEIGNEUR DE NOGENT.

Pour compléter cette étude il reste à décrire le sceau de Jacques de Chateaugontier, qui à la mort de Guillaume évêque de Châlons et dernier comte du Perche de la première race, le 18 février 1226, recueillit une grande partie de sa succession[1]. Ce sceau en effet de 52^{mm}, représente un écu chargé de trois chevrons, le premier écimé, avec la légende :

† SIGILLVM. JACOBI. CAST. . I.

Le contre sceau reproduit l'écu[2].

---

[1] Bibl. nat. Ms. lat. 5185. — Pl. VIII, N°s 26 et 27.
Ces armes étaient-elles celles de la maison de Chateaugontier, ou l'héritier des premiers comtes du Perche, les prit-il, en opérant une brisure, consistant à écimer le chevron supérieur de l'ancien écusson ? Nous n'avons pu le découvrir. M. Bonneserre de Saint-Denis, dans son *Histoire des seigneurs de Chateaugonthier* publiée dans la *Revue nobiliaire* de 1863, ne l'indique pas.
Un autre sceau du même personnage est conservé aux archives nationales N° 1765. Il a été décrit par M. Douet d'Arcq et depuis publié par MM. Bertrand de Broussillon et de Farcy dans la *Revue historique du Maine*, t. XXII, p. 247. La légende seule du sceau diffère :
SIGILLUM JACOBI DOMINI(CAS) TRIGONTERI.

[2] Un second type porte une légende : VERITAS. C'est lui qui est reproduit sur la couverture des : *Documents sur la province du Perche*.

www.ingramcontent.com/pod-product-compliance
Lightning Source LLC
Chambersburg PA
CBHW060452050426
42451CB00014B/3281